ÇİM ÇEŞİTLERİ

Oriental Lifestyle

Das Flair von 1001 Nacht

Von Anna Alòs (Text) und
Marcos Sandiumenge (Fotos)

CALLWEY

Die Originalausgabe erschien 2001 unter dem Titel *Estilo de vida oriental* bei LOFT Publications, Calle Domenech, 7–9, 08012 Barcelona

Streitfeldstraße 35, D-81673 München
www.callwey.de
E-Mail: buch@callwey.de

Die Deutsche Bibliothek – CIP-Einheitsaufnahme
Ein Titeldatensatz für diese Publikation ist bei der Deutschen Bibliothek erhältlich.

Bildnachweis: Soweit nicht anders angegeben, stammen alle Fotografien von Marcos Sandiumenge.
Mateu Espasa (S. 8), Xavier Soley (S. 37–39, S. 50 u., S. 56–57, S. 95, S. 96, S. 97–100, S. 124–129, S. 134–135), Sebastiaan van Kempen (S. 53, S. 189).

ISBN 3-7667-1490-2
Printed in Spain 2001

EINLEITUNG

KULTUR

GEOGRAFIE

ARCHITEKTUR UND GESTALTUMG

Vom Zauber des Fremden

"Die Überraschung ist der erste Schritt zur Erkenntnis." (Arabische Weisheit)

Der Orient, kontrastreich und unendlich paradox. Ein Heraustreten aus dem beunruhigendsten Chaos in einen Augenblick voller Magie mit Geschmack nach Tee. Dabei ist es relativ unbedeutend, dass der Rhythmus des modernen Zeitalters die großen Städte erreicht hat, dass die breiten Prachtstraßen von Tanger und Fes uns nach Paris versetzen wollen, die hohen Gebäude von Delhi nach New York oder die ordentlichen Orangenblütenbeete von Rabat nach Sevilla, denn Geschichte und Tradition geben uns der Wirklichkeit zurück und überraschen uns hinter jeder Ecke. Ein seltsamer Zauber, zuweilen in Form einer Parabolantenne auf einem Dach des 12. Jahrhunderts, einer Straße, nur mit Lehm bedeckt, eines vergessenen Palastes eines Sultans, der sein Reich verlor, der Schattensilhouette eines Esels, gekrümmt vom Gewicht der Satteltaschen oder einer verirrten Kuh, die die Geschäftsstraße überquert. Und an der nächsten Ecke kniet ein Moslem auf seinem kleinen Teppich und betet, das Gesicht nach Mekka gewandt. Der Angehörige einer indischen Sekte kehrt den Boden mit seinem Besen und ist bemüht, keinem Lebewesen ein Leid anzutun, oder ein paar amerikanische Mokassins lugen unter dem Saum einer Djelaba hervor. Hinter diesen ungewohnten Eindrücken liegt eine uralte, unendlich reiche Kultur, die Kultur des Luxus in der Ungewissheit der nicht genutzten Rohstoffe, die Kultur der imponierenden Marmorfassaden und Balustraden und die Kultur der reichen Seiden- und Baumwollgewebe und der konstanten Beweise

Jahrhunderts alten Kunstgewerbes. Es ist die Lebensweise von Völkern, die sich schreiend verständigen und die Mimik-Gesten-Sprache einsetzen, um sich klarer auszudrücken, so dies überhaupt möglich wäre. Die vier besuchten Länder, Marokko, Tunesien, Türkei und Indien, müssen unter Berücksichtigung ihres Lebensstiles, ihrer Ästhetik sowie ihrer Architektur und Innendekoration, in drei verschiedene Gruppen aufgeteilt werden. Zu der ersten Gruppe gehören der Norden von Marokko und Tunesien, der als Maghreb bekannt ist, die zweite Gruppe besteht aus der Türkei als Kulturbrücke zwischen dem Orient und dem Abendland und Indien bildet die dritte Gruppe.

Besonders Indien muss man sich mit offenem Geist und offenem Herzen nähern, um in seiner Transzendenz zu versinken. Unter vielen anderen erschütternden Szenen, die wir erlebten, sahen wir, wie eine Familie aus einem Jaguar mit diamantbestickten Vorhängen und hermelinüberzogenen Sitzen stieg, während hinter der nächsten Ecke ein Beamter Leichen mit einer Schaufel einsammelte. Der Inder verliert sein Lächeln nie: Glück ist Abwesenheit des Begehrens. Es ist unmöglich, dieses Land in wenigen Worten zu beschreiben. Indien erweckt Leidenschaft und Bestürzung; es gibt den einen das Gefühl zurückzukehren und den anderen den Wunsch, niemals mehr den Fuß in dieses Land zu setzen. Seine Gegensätzlichkeit ist so groß, dass der beste Weg zur Betrachtung und zum Verständnis in einer gewissen Distanz liegt.

Wer sich selbst und andre kennt,
Wird auch hier erkennen:
Orient und Okzident
Sind nicht mehr zu trennen.

Sinnig zwischen beiden Welten
Sich zu wiegen, lass ich gelten;
Also zwischen Ost und Westen
Sich bewegen, sei's zum Besten.

Goethe

KULTUR

Tradition und Alltag

Um von Lebensstil sprechen zu können, muss man die Geschichte, das Leben auf der Straße und den Alltag kennen. Und, wie auch nicht, die in jedem Detail wahrzunehmenden geistigen Prinzipien, die sogar die Gestaltung der Innenräume bestimmen. Um das Ausmaß ihrer Bedeutung verstehen zu können, mussten wir uns in einigen Situationen distanzieren, die sonst über unser berufliches Interesse zu weit hinaus gegangen wären, wie beispielsweise der Tumult, den wir in der marokkanischen Stadt Fes verursachten, als wir das Innere einer Moschee fotografieren wollten, oder das Misstrauen einer Mutter in Merzuga – in der marokkanischen Wüste –, als wir ihr Hustensaft für ihr Baby anboten, oder der Blick auf die leblosen Körper am Rand einer der Straßen nach Delhi.

सर्वश्रेष्ठ - सर्वोत्तम
बिरला उत्तम
सीमेन्ट
CREATIVE EYE LTD.
FIXED PRICE PORTION AT RS. 50/- PER SHARE
ISSUE OPENS ON 23RD NOVEMBER, 2000
Banking will be a whole new experience
OPENING SHORTLY
LORD KRISHNA BANK LTD.
THE TIMES OF INDIA
NOW! More JAIPUR in your daily
Exclusively for the readers of Pink City
ARVIND
FOAM
MATTRESSES-PILLOWS-CUSHIONS
Fax Your Documents
All over the world in
Rs. 10
Internet Service Provider
Call us on: 381988, 382084, 381827
बिरला सीमेंट
चेतक
यातायात नियमों का पालन करें
30 मिनट में कलर फोटो
काला
कलर लैब
27, चान्दपोल बाजार, Ph. 317784
जेबरा लाइन पर ही सड़क पार करें
यातायात पुलिस जयपुर

In Indien genießen die Kühe Fußgängerrechte und bewegen sich frei zwischen Fahrrädern, stinkenden Fahrzeugen auf drei Rädern und alten 'Ambassador'-Taxis, Überbleibsel des Kolonialismus. Elektrische Kabel, Wäsche auf der Leine und verwahrloste Markisen sind ein Teil der Sprache der Stadt.

PREM INDUSTRIES
Wire Netting Stores
3691, CHAWRI BAZAR DELHI-110006.

Ein gewohnter Anblick in indischen Städten: Die Nachbarn im Gespräch auf dem gemeinsamen Balkon des Gebäudes. Auf den Straßen bewegen sich Fußgänger und Vehikel aller Art, und kämpfen dabei um das Glück, die andere Straßenseite zu erreichen. Einige Rikschas haben einen Sonnenschirm eingebaut, um die erstickende Hitze erträglicher zu machen, wie hier im Zentrum von Neu Delhi.

gd Office
FACTORY:
Phone No: 20168
EM INDUSTRIES
GALI BAJRANG BALI, CHAWRI BAZAR, DELHI-6
cturer of Quality: C.P. Bathroom fittings
BRAND
Industrial Area, Gurgaon, HARYANA.

Obwohl Tunesien die westlichste und am besten an den sommerlichen Fremdenverkehr angepasste Gegend des Maghreb ist, sind die für eine Hochzeit herausgeputzten Frauen auf diesem Schnappschuss nicht geneigt, sich fotografien zu lassen.

Auf den Märkten trifft man häufig Handel treibende Männer, ein Bereich, von dem die Frau praktisch ausgeschlossen ist.
Unter der Kundschaft dieses Standes für Hülsenfrüchte auf einem Marktplatz in Tunesien sieht man Menschen,
die an der traditionellen Kleidung festhalten und andere, die sich für eine westlichere Kleidung entschieden haben.

Der Esel und seine Satteltaschen sind die Hauptdarsteller unzähliger Szenen in der Medina von Fes (oben) in Marokko, während sie darauf warten, dass ein Kunde ihre Dienste als Taxi in Anspruch nimmt.

Das Hinsetzen und Beobachten ist die wichtigste Freizeitbeschäftigung in den maghrebinischen Dörfern nahe der Wüste. So verbringen auch die Männer in den Straßen der tunesischen Oase Touzeur, nahe den Chotts – den Salzseen im Zentrum von Tunesien, die ihr Wasser aus dem Mittelmeer nach Filterung im Atlasgebirge erhalten – ihre Freizeit.

Die Bedeutung der Religion

Zum besseren Verständnis der geistigen Konzeption lasen wir Fragmente des Koran sowie den "Weg des Zen" des englischen Philosophen Alan Watts, ein Werk, das in den siebziger Jahren zur obligaten Lektüre gehörte. Wir erfuhren, dass die Religionen durch ungeheuer gebildete Menschen geschaffen wurden und sie nur durch die Notwendigkeit und die Furcht gerechtfertigt werden. Und auf diese Weise erfuhren wir auch, dass der Prophet Mohammed in einem Abschnitt des Koran erlaubte, vier Frauen zu ehelichen, um den Menstruationszyklus "rentabel zu gestalten", obwohl in den zwei folgenden Abschnitten die Bedingung gemacht wird, sie alle gleich zu unterhalten und zu lieben und angesichts der Unmöglichkeit dieser Gefühlssituation empfohlen wird, nur eine einzige Frau zu ehelichen. Es handelt sich um ein logisches Prinzip zur Gewinnung von Glaubensanhängern. Wie könnten sonst die Glaubensdogmen weiterleben, ohne in Frage gestellt zu werden? Die innewohnende eigene Evolution hätte sie zerstört oder sie den neuen Seiten der Geschichte angepasst. Da sich die Mehrheit der islamischen Bevölkerung an den ersten der drei Abschnitte hielt, entspricht die Gestaltung der Häuser dieser Einstellung, wie dem Kapitel "Blick über die Mauer Riads" zu entnehmen ist.

Der in seinen Parametern wenig starre Hinduismus basiert hauptsächlich auf der Verpflichtung, glücklich zu sein. In den Vedas, den heiligen Büchern der Inder in Sanskrit, erklären die Götter, dass die Kasten von Brahma, dem Erschaffer der Welt, herrühren: aus dem Kopf wurden die Priester geboren, aus den Armen die Krieger, aus den Muskeln die Geschäftsleute und die Künstler, und aus den Füßen die Diener.

Wir kaufen auf den Märkten ein, wir essen im Stehen auf den Marktplätzen, wir mieten uns in Privathäusern ein, wir nehmen an Kulthandlungen und Riten teil und vor allen Dingen hören wir viel zu. Wir überzeugen uns, dass der Tauschhandel ein Teil der orientalischen Kultur ist und daher das Feilschen durch die Gewohnheit bedingt ist. In diesem Sinne ähnelt das Trödeln durch die Basare jenseits der Touristenzonen einem Zurückgehen auf der Reise durch die Zeit. Unendlich sind die Farbkombinationen der Fassaden und der Trachten, unermesslich ist die Vielfalt von Gewürzen und Pigmenten, die Stände mit frischem und getrocknetem Obst.

Eine Reise durch die Zeit

Die gut unterwiesenen türkischen Führer erzählen den Touristen, dass die Frauen in den traditionellen Gewändern (oben) Ausländerinnen auf der Durchreise sind. Das zeigt das Bestreben des türkischen Volkes, zu Europa zu gehören.

Unten: Eine morgendliche Szene in Neu Delhi auf dem Weg zur Arbeit.

Rechts: Eine Gruppe von Fußgängern in Tozetir (Tunesien).

Menschen und Gebräuche

Für den Orientalen ist die Gastfreundlichkeit ein Gebot, der Blick ist Sprache und das Lächeln ist Ausdruck. Der Hautkontakt ist Teil der Sprache und ebenso das Tee-Ritual und die immerwährende Bereitwilligkeit, einem Reisenden zu helfen. Die Kinder drücken sich in verführerischen zärtlichen Gesten aus und werden zu den besten Fremdenführern des Reisenden, den sie bei der Hand nehmen und von Straße zu Straße, über Marktplätze und durch Altstädte führen und dabei eine unverständliche Sprache, eine Mischung aus Arabisch und Schulfranzösisch, sprechen. Oder sie führen ihn durch die indischen Märkte und kauderwelschen ein Englisch, in dem sich die Worte unzusammenhängend aneinander reihen und einen seltsamen Klang ergeben. Nach einer dieser Führungen schenkten wir einem Kind zum Dank für seine Arbeit einen versilberten Schlüsselhalter. Der Junge war nicht älter als sieben Jahre. Eine Woche später kamen wir wieder an denselben Ort, wo uns der Junge umarmte und küsste und uns den Schlüsselhalter zeigte, der an seinem Gürtel hing. Dieser Beweis von Dankbarkeit ist nur schwer zu vergessen.

TSR PRE PAID BOOTH
OFFICE
DELHI
POLICE
303

Die Rischka ist in Indien ein oft zu sehendes Transportmittel, das die Frauen, die sich hier mit größeren Vorrechten als in den maghrebinischen Ländern bewegen, mit Vorliebe gebrauchen.

Farbe und Reichtum der Saris sind der visuelle Ausdruck der gesellschaftlichen Position indischer Frauen.

Domino und Würfelspiele sind eine beliebte Beschäftigung, die das Bild der Straße prägen. Die Zigarette in der Hand eines Beobachters zeigt, dass das Rauchen praktisch ein "Nationalsport" im Maghreb ist, der von westlichen Gesundheitskampagnen noch völlig unbeeinflusst ist.

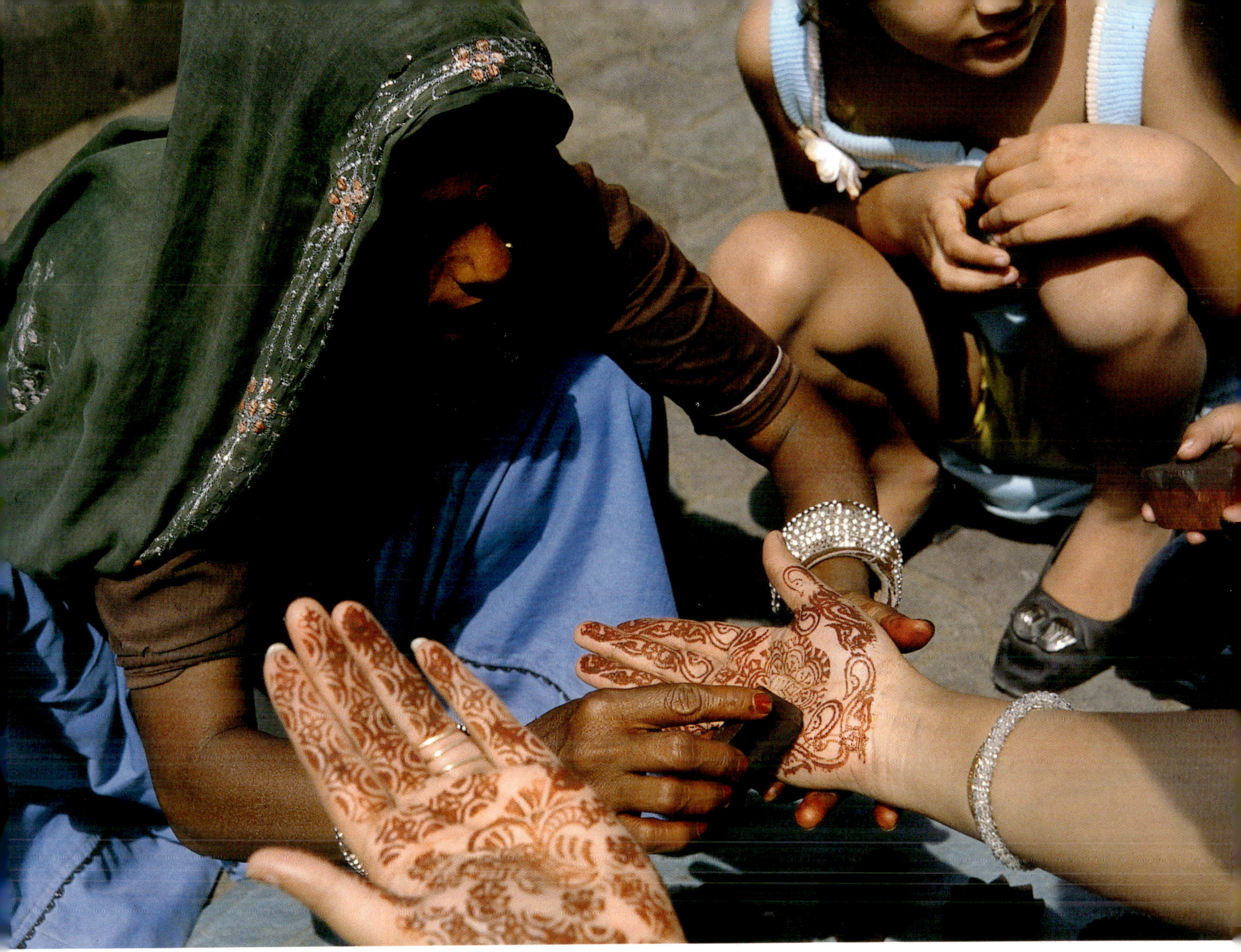

Das Leben findet auf der Straße statt; in Jaipur zum Beispiel kann man beobachten, wie sich Frauen gegenseitig Hände und Füße mit Henna dekorieren, eine Technik, die unter anderem die Haut weicher macht.

Das Dromedar und der Esel sind wegen ihres sanftmütigen Charakters und ihrer großen Widerstandsfähigkeit die gebräuchlichsten Transportmittel; es sind leistungsfähige und stolze Tiere.

Ein geknotetes Seil um Kopf und Maul ist der gebräuchlichste Zaum. Auf ein Zeichen seines Herren hin hält das Tier aus dem Galopp an, der viel schneller ist, als es dem Auge des Betrachters erscheint.

One way (Einbahnstraße) – das gilt sowohl für die Gebetsmühlen wie für ein Verkehrsschild in Neu Delhi. Ein wenig zynisch zeigt das Schild, wie eine Einbahnstraße zu vier ungeordneten Verkehrsbahnen wird. Dafür zieren liebevoll aus Blumen geflochtene Girlanden das alte Eisen und eine Motorhaube.

Lebende Wüsten

Hinter den Oasen liegt die Wüste, wo Geschichten und Legenden in den Sand geschrieben, wo die Gebräuche von Generation zu Generation weitergegeben werden, und wo sich die Landschaft beim Wandern durch die Dünen nach der Laune des Windes von Moment zu Moment verändert. In der Wüste steht die Gastfreundschaft über den Gesetzen des Koran. Der spanische Schriftsteller Vázquez Figueroa erzählt in seinem Roman "Der Tuareg", dass diese Nomaden der Wüste bei unlösbaren Unstimmigkeiten im Zelt des Feindes erscheinen und um Zuflucht bitten. Das Gebot der Gastfreundschaft ist so groß, dass es zu einem Passierschein für das Leben selbst wird. Hier treten die Unstimmigkeiten zurück angesichts eines unbesiegbaren Landes. Für die Menschen der Wüste, einem Ort, der jahrhundertelang allen Wandlungen widerstanden hat, bedeutet Freundschaft das Leben. Aus diesem Grunde gehört die Wüste zu den sichersten Orten der Erde.

In Iriqui, in der Gegend von Zajora (Marokko), lag einst ein großer Süßwassersee, der durch die Auswirkungen der Wüstenbildung zu einer ausgedehnten trockenen Ebene wurde.

Ein Dromedarweibchen mit Jungem in Jbel Sorouaa, Marokko. Die Versuchung, das Kleine zu streicheln, ist unwiderstehlich, aber die Mutter hat ihre eigenen Verteidigungsmethoden: Zuerst stößt sie eine Art Klageruf aus, dann versucht sie mit den Lippen nach dem Eindringling zu schnappen.

In den Dünen von Chiggaga ein rudimentärer Waschplatz – eine meisterhafte Lektion in angewandtem Funktionalismus.

“In diesem Jahr blieb der Regen aus. Eine Woche verging – dann eine zweite. Wir starrten zu dem grausamen Himmel empor, der so ruhig und blau war und gleichgültig gegen unsere Not. Wir warfen uns auf die Erde nieder und beteten. Ich glaubte, sie sähe voller Mitleid auf mich herab, und ging getröstet fort. Aber es kam kein Regen.

Die Dürre hielt so lange an, dass wir das Maß für die Zeit verloren. Tag um Tag flammte die erbarmungslose Sonne hernieder, versengte alles, brannte die Erde hart, bis diese sich endlich spaltete und in großen unregelmäßigen Rissen auseinanderklaffte. Eidechsen lagen hingestreckt und keuchend im glühenden Sonnenlicht.”

aus: “Twilight in Delhi”
von Ahmed Ali

Fotos und Persönlichkeiten

Am schwierigsten war es, Aufnahmen von Menschen für dieses Buch zu machen. Jeder Schnappschuss im Maghreb ist ein entwendetes Bild. Die arabischen Frauen zeigen das größte Misstrauen gegenüber der Kamera und einige indische Sekten glauben, dass ihnen die Kamera einen Teil ihres Geistes entzieht. Als typischste Anekdote unter den vielen, die wir erlebten, möchten wir einen berberischen Händler erwähnen, der uns gegen den direkten Angriff einer Frau verteidigte, die wir beim Einkaufen von Obst auf einem Markt in Tanger fotografierten. Seltsamerweise handelte es sich um eine europäisch gekleidete Araberin, ohne Djelaba und ohne Kopftuch. In Neu Delhi dagegen schauen die jungen Leute in die Kamera, richten sich das Haar, lachen den Fotografen an und bedanken sich für die Aufmerksamkeit.

In der Medina von Fes. Im Gerberviertel sehen wir große Becken mit Färbemittel zum Eintauchen des Leders, das auf veschiedenste Weise weiterverarbeitet wird.

Motorräder und Dreiräder für den Lastentransport drängen in die städtische Landschaft von Neu Delhi herein. Als Gegensatz zu dem Verkehrschaos erscheinen die Parkplätze harmonisch geordnet, manchmal geradezu penibel aufgeräumt.

आभूषण

Eile mit Weile

Im Maghreb ist Zeit die Voraussetzung für jeden Besuch. Eile tötet. Dies gilt auch für die Türkei und Indien. Bei seiner Ankunft stellt man sich vor, das anschließende Warten muss man gegebenenfalls lernen. Denn es gilt als schlechte Erziehung, seine eigenen Wünsche zu übermitteln, ohne zuvor den Gastgeber angehört zu haben. Von Fremden ist es keine gute Idee, ihre eigenen Vorstellungen bekannt zu geben. Der Orientale muss eine aufrichtige Haltung und ein wirkliches Interesse an seinen Gebräuchen und an seinem Haus spüren. Anders ist es nicht möglich, seine Lebensform kennenzulernen. Wir trinken folglich viel grünen Tee mit Pfefferminz, wir rauchen wirklich exquisites Haschisch und essen nahe den Tempeln von Jaipur Gemüse auf Eukalyptusblättern, um das Vertrauen unserer Gastgeber und ihre Erlaubnis zu gewinnen, einen Einblick in ihr Leben und in ihre Häuser zu erhalten.

“Fremde und Reisende werden vom Gastgeber zumindest mit einem Glas süßem heißem Tee, vielleicht mit Mandeln oder Pistazien bewirtet. Die Darbietung eines Glases mit goldenem Tee ist die Vollkommenheit des Gebens. Ich werde nicht vergessen, wie wir abends bei einer Familie in deren kleiner Hütte saßen, Tee tranken und gutgelaunt der Musik lauschten, die der Familienvater auf der einsaitigen Oudh spielte. Wir spürten die Nähe in dieser Familie ganz anders als bei einem Besuch bei uns in Europa. In diesem Moment wollte ich nicht mehr zurück in meine Welt. So hat mich das immer noch intakte archaische Leben in den Dörfern beeindruckt.”

aus: “Twilight in Delhi” von Ahmed Ali

Kleidung und Trachten

Sowohl in den maghrebinischen Städten als auch in Istanbul kleidet sich die moderne Gesellschaft nach westlicher Mode und zeigt großes Interesse für französische und amerikanische Marken. Trotzdem sind die Djelaba und der Kaftan, die den Körper vor fremden Blicken schützen sollen, ein von den Frauen der Stadt im Alltag häufig genütztes Kleidungsstück. Es ist ein gewohnter Anblick, dass unter der Djelaba Jeans und Stiefel hervorschauen. In Marokko jedoch, mit Ausnahme von Tanger – das seinen Ruf als internationale Stadt bis 1956 aufrecht erhielt – stand man den westlichen Sitten kritischer gegenüber. Tunesien ist in diesem Bereich empfänglicher für die Moderne und in Istanbul gleicht sich die Kleidung immer mehr dem westlichen Geschmack an. Die Mode als Ausdrucksform lässt hingegen die indischen Städte unberührt, in denen sich Männer und Frauen größtenteils traditionsgemäß kleiden. Die indische Frau trägt den Sari zur Arbeit und die Beschaffenheit des Gewebes und seine ornamentale Reichhaltigkeit sind Darstellung ihres sozialen Ranges.

Rechts: Bart und Turban dieser in Neu Delhi fotografierten Männer sind Unterscheidungmerkmale der Sikhs, einer monotheistischen Sekte.

Anekdoten

Die indischen Sitten mit einem großen angelsächsischen Erbteil sind vielleicht am weitesten vom Okzident entfernt. Jedesmal, wenn unser Führer aus dem einen oder dem anderen Grunde gerügt wurde, hielt er ein, bei allem, was er tat, um zu überlegen. "Wenn jemand einen Zorn auf mich hat, muss ich über seine Gründe nachdenken. Wenn ich glaube, dass der Fehler bei mir liegt, muss ich darüber Reue zeigen und mich korrigieren. Andernfalls ist es besser zu vergessen."

Nachdem sich unsere erste Überraschung über die Pracht der Tempel von Jaipur gelegt hat, übernimmt eine eindrucksvolle Kolonie von Affen die Hauptrolle vor deren jahrhundertealten Mauern, Zeugnis einer Kultur voller Luxus und Reichtum. Die Affen beobachten den Zuschauer und verständigen sich untereinander mit lustigen und ausdrucksvollen Gesten, die an menschliche Umgangsformen erinnern.

Lebendige Märkte

Die großen und die kleinen Märkte, seien sie offen oder abgedeckt mit primitiven Pfahldecken aus Zuckerrohr, sind in allen Städten des Orients der wichtigste Treffpunkt. In der Luft schwebt immer die uralte Tradition des Tauschhandels. Im Orient ist das Feilschen eine Kunst und wer sich ihrer nicht bedient, ruft beim Verkäufer Überraschung und Ungläubigkeit hervor. Normalerweise wird gefeilscht, bis die Hälfte des ursprünglich genannten Preises erreicht ist.

Der Mischmasch von Gerüchen ist eines der auffälligsten Merkmale dieser Volksmärkte; sie vermengen sich zu einem einzigen Aroma aus Sauer und Süß, zu dem Aroma der Märkte.

Die Suks

“Es ist würzig in den Suks, es ist kühl und farbig. Der Geruch, der immer angenehm ist, ändert sich allmählich, je nach der Natur der Waren. Es gibt keine Namen und Schilder, es gibt kein Glas. Alles, was zu verkaufen ist, ist ausgestellt. Man weiß nie, was die Gegenstände kosten werden, weder sind sie an ihren Preisen aufgespießt, noch sind die Preise fest.
Die Ledertasche, die man möchte, ist in zwanzig verschiedenen Läden ausgestellt und einer dieser Läden schließt unmittelbar an den anderen an.
Es wirkt so, als wüssten die Taschen selber, dass sie der Reichtum sind und als zeigten sie sich schön hergerichtet den Augen der Passanten. Man wäre gar nicht verwundert, wenn sie plötzlich in rhythmische Bewegung gerieten, alle Taschen zusammen, und in einem bunten orgiastischen Tanz alle Verlockung zeigten, deren sie fähig sind.”

aus: “Die Stimmen von Marrakesch” von Elias Canetti

Um acht Uhr morgens herrscht auf den marokkanischen Märkten ein reges Gewühle. In der Regel sind es die Männer, die verkaufen und die Frauen die kaufen.

Indische Märkte

In Neu Delhi verteilen sich die Märkte unter freiem Himmel rund um die Stadt und sind manchmal sogar unerwartet im Stadtzentrum zu finden. Es wird gefeilscht, aber weniger als in Marokko und Tunesien. Der größte, auch beruhigende Unterschied liegt darin, dass der Fremde nicht belästigt wird wie in einigen Zonen der westlichen Städte am Mittelmeer. Die Stände sind sehr primitiv, oft bestehen sie aus vier Pfählen und einer Zeltplane, und es ist ein gewohnter Anblick, mitten in der chaotischen Harmonie einen Parkplatz mit unzähligen Fahrrädern zu finden, viele von ihnen im hinteren Bereich mit einem Container auf Rädern, um die Waren zu transportieren.

Auf den indischen Märkten fehlt nie der Verkäufer von Rosenblättern und anderen Blütenblättern, die in dieser Kultur als Schmuck sehr geschätzt und auch für Naturessenzen verwendet werden.

Süßigkeiten und kleine Törtchen sind ein traditioneller Imbiss, der auf diesen Märkten häufig zu finden ist.

CCESS POINT
For
ediate, secondary, higher classes
RCE , SCIENCE & ARTS
Batches begin 2nd April
7, (Basement), Lajpat Nagar I
579, 4313579, 6313501
LIFE LINE
SLIMMING & BEAUTY CLINIC
K-28, LAJPAT NAGAR - II, ALANKAR ROAD
6329202
6329203
9810265100
www.lifelinehealthclub.com
50% OFF ON SLIMMING PACKAGE
AEROBICS
GYMNASIUM
MEN SALOON
LADIES PARLOUR
STEAM & SOUNA
LIFE LINE
I - 35 (L.G.F.), LAJPAT NAGAR - I
6329200
9868040049
www.lifelinehealthclub.com
E-mail : sanraj2000@usa.net
LIFE LINE
COMPUTER INSTITUTE
Career Oriented Courses
Advanced Courses
Short Terms Courses
Special & Convenient timings for Professionals & House wife's

Ein Milchverkäufer auf dem Bahnhof von Neu Delhi bei der Verteilung seiner Milch an alle umliegenden Häuser.

BAS
STAINLESS STEEL FITTINGS
HARI OM HARDWARE
Ph. 3255843
ASBESTOS PRODUCTS

Straßenmarkierungen in Neu Delhi, ein bedingt leserliches Hilfsmittel des ewigen indischen Chaos.

Stoffe sind in Indien ein äußerst wichtiges Produkt. Es gehört zum Straßenbild, dass Händler die verschiedenen Stoffrollen in ihren Privatfahrzeugen transportieren.

So wie es auch dazugehört, dass um diesen Markt von Neu Delhi der Verkehr ohne Regelung in allen Richtungen verläuft.

Fes: Eine Medina aus dem 9. Jahrhundert

Fes, das kulturelle und religiöse Zentrum von Marokko, hat eine wirklich faszinierende Altstadt aus dem 9. Jahrhundert. Für einen ersten Besuch empfiehlt es sich, einen ortskundigen Führer zu nehmen, denn die verwinkelte Tour ähnelt einem Weg ohne Rückkehr. Der Eindruck, eine Reise bis zurück zum Mittelalter zu erleben, würde vollkommen der Realität entsprechen, wäre nicht die Landschaft der Parabolantennen, die die Dächer überschwemmen, und die Verfolgung durch die Einheimischen, die den Fremden gegen einige Münzen auf seinem Weg begleiten möchten. Die Kunstgewerbler und Händler gruppieren sich in den Straßen wie im Mittelalter nach Innungen: Eisen- und Bleibearbeiter, Gerber, Juweliere, Schafscherer...

Das Judenviertel mit seiner sehr gut erhaltenen Synagoge gehört zu den interessantesten Sehenswürdigkeiten. Die "Funduc", alte Herbergen für Händler, mit Zimmern für Reisende und Ställen für die Esel stehen auch noch am gleichen Ort.

Der Große Basar in Istanbul

Der Große Basar im alten Teil von Istanbul ist in der ganzen Welt berühmt. Er wurde im 15. Jahrhundert erbaut und verkörpert ein lebendiges Beispiel einer kosmopoliten Stadt. Er ist ein Labyrinth aus Arkaden und überdachten Straßen, in denen die Anordnung nach Innungen nicht so offensichtlich ist wie in Fes. Man sagt, dass von den Bilanzen des Großen Basars ein Großteil der Wirtschaft des Landes abhängt. Er gehört zu den wenigen Orten in Istanbul, an dem noch gefeilscht wird und wo das Marktschreien, wie im Maghreb, dazu gehört.

MEDİNE BİJUTERİ
AMBALAJ
SEN
SARILGAN
DAYANIKLI TÜKETİM ÜRÜNLERİ
PAZARLAMA ve TİCARET A.Ş.

Gastronomie: Die Alchemie der Gewürze

Es wäre undenkbar, von der orientalischen Gastronomie zu sprechen, ohne die Gewürze zu erwähnen. Sie sind ein Teil des Küchenrituals und "würzen" die feierliche Pracht manches morgenländischen Gastmahls.

»Dann führte uns der behende, immer lachende Majordomus, ein großer, fester Mann von fünfzig Jahren mit rotem Gesicht; er rieb die Hände wie ein behäbiger Wirt der Heimat; durch einen steinernen Gang ging er voraus, zwei Stufen hinunter, dann sprang eine Türe auf, und der hellerleuchtete Saal, den wir betraten, dampfte schon von Speisen; silberne, goldene Geschirre, mattes Metall, standen mit Hühnern, Tauben, Wild, Gemüsen, Honig, Früchten und Bäckereien gefüllt zwischen den Kandelabern auf dem niedrigen langen Tisch, um den die Kissen liefen; Joghurt in großen Schüsseln wurde hereingetragen, Raki in Kannen, Rosen waren zerstreut auf dem Boden, auf dem Tisch und den Kissen. Die Diener kamen und gingen, die Mönche neigten sich, da wir eintraten, mit verschränkten Armen, dann aber betraten der Nachkomme und der weißbärtige, grüngekleidete Grabhüter mit ihrem Gefolge das Gemach; alles erhob sich und verstummte; der Meister aber lud zum Sitzen ein und begrüßte uns nochmals mit würdigen Worten.«

aus: "Kleinasiatische Reise" von Carl J. Burckhardt

Der Große Basar von Istanbul und der Markt von Tunesien bieten eine unendliche Vielfalt an Gewürzen, Gemüsen, Hülsenfrüchten und Würzstoffen jeglicher Art. Man kauft die Waren normalerweise lose.

TATLI TOZ BİBER 3.000.000
LÜX NANE 4.000.000
LÜX DAĞ KEKİĞİ 4.000.000
KAHVALTILIK ÇIPRA (ACI) KEKİĞİ 3.000.000
ÇİĞ KÖFTE HARCI 1 KG. 5.000.000
LÜX URFA İSOT 4.000.000
ÖZEL ÇAVUŞOĞLU ACI PUL BİBER 4.000.000
ÖZEL ÇAVUŞOĞLU "ACI" BİBER YAĞLI 5.000.000
LÜX KİMYON 4.000.000
LÜXS KARA BİBER
MARAŞ BİBER 3.000.000

KETEN
KARIŞIK VİTAMİNLİ MUHABBET YEMİ

TATLI TOZ

ÇİM ÇEŞİTLERİ
KUZU ISPANAK

Die türkische Küche

Sie ist grundsätzlich mediterran, denn Olivenöl ist ihr wichtigster Bestandteil, und niemals fehlen Gemüse, Obst und exzellenter Fisch. Wenn sie auch an der Tradition festhält, gilt sie als eine der modernsten Küchen der Welt. Suppen (çorba) und kleine Vorspeisen (mezeler) sind gewöhnlich die ersten Gerichte eines Menüs; unter den zweiten hat man die Auswahl zwischen Fleischklößchen (börek), Spießen (kebab) und gebratenem, gewürzten Fleisch (pastirma). Ein sehr typisches türkisches Gericht sind die "dolma", Gemüse (Zucchini, Auberginen, Tomaten ...) mit Hackfleisch gefüllt. Es stimmt, dass das Gleichgewicht der Vitamine, der Proteine und Kohlenhydrate hier in einem einzigen Gericht gelöst wird. Hinzu kommen die typischen Süßigkeiten, "baklava", die im Allgemeinen mit Trockenfrüchten gefüllt und mit sehr klebrigem Sirup überzogen sind.

Unter den Getränken rangiert der Yoghurt in flüssiger und salziger (ayran) Form schon fast als Nationalgetränk. Nicht zu vergessen ist der – in der ganzen Welt bekannte – türkische Kaffee, der mit kochendem Wasser und gepresstem Kaffee gefiltert wird. Es gibt viele Geschichten über den Ursprung des Kaffees. Eine erzählt von einem Schäfer, der bemerkte, dass seine Schafe ganz aufgeregt wurden, wenn sie Blätter einer bestimmten Pflanze auf der Wiese fraßen. Der Mann probierte die Blätter und auf diese Weise wurden die anregenden Eigenschaften des Kaffees entdeckt.

Die indische Küche

Die indische Küche, reich an Gewürzen und mit einer Vielfalt von Aromen und Geschmacksrichtungen, bietet unendlich viele Produkte und Rezepte für die Zubereitung. Knoblauch, Ingwer und Zwiebeln sind gebräuchliche Würzstoffe, am häufigsten werden aber Nelken, Kardamom, Zimt und Pfefferpaprika verwendet. Es empfiehlt sich, zu diesen scharf gewürzten Gerichten kein Wasser zu trinken, sondern lieber "Lassi", einen Yoghurt, der die Folgen mildert.

Die scharf gewürzte Suppe (mulligatawny), Huhn (murgh), gegrillter Hammel (bahra) und die köstlichen, mit Gemüsecurry gefüllten Fladen (masala dosa) gehören zu den typischsten Gerichten.

Den vegetarischen Rezepten kommt dank der großen Zahl ihrer Anhänger eine wichtige Bedeutung zu. Sie werden in verschiedenen Gefäßen, ähnlich irdenen Schalen mit dem Namen "hator" serviert, die normalerweise auf runden Metalltabletts (thali) angeordnet sind. Zu vielen Menüs wird Mangopüree (aam rasa) mit Fladenbrot (puri) und geröstetem Brot (papad) gereicht.

Maghrebinische Gerichte

Salate sind ein obligates erstes Gericht bei einem maghrebinischen Essen; die große Vielfalt an vegetarischen Gewürzen und Soßen bedeutet für denjenigen, der nicht an sie gewohnt ist, ein vollständiges Menü. Der Couscous, in Wasserdampf gequollenes Weizengrieß, und die "Tajine" sind die Stargerichte dieser Küche. Die Zutaten kommen stets aus den Gebieten, wo sie zubereitet werden: Fisch in den Küstengebieten und Fleisch im Landesinneren. Gemüse ist immer dabei. Obwohl die Kunst des Kochens ein Vorrecht der Frauen ist, behält die berberische Tradition die Vorbereitung des "Mashui", ein ganzer Hammel auf Holzfeuer gebraten, dem Mann vor.

Mehl ist ein Grundbestandteil der Küche; auf allen Märkten gibt es außer den herkömmlichen Bäckereien Straßenstände, an denen Sesambrot verkauft wird. Das ist eine Art Fladen, der gebrochen wird, um zu den Krumen zu gelangen, die köstlich schmecken. Mit Mehl und Wasser werden verschiedene dünnere oder dickere Teigstücke ausgerollt, je nachdem, was man damit einwickeln möchte: Huhn, Hirn, Hammel oder, für die süßen Varianten, Honig, Zucker und Zimt.

Der süße Nachtisch ist sehr wichtig in der maghrebinischen Küche, da er während des Fastenmonats Ramadan eine grundsätzliche Rolle spielt. Die Kuchencreme wird mit Marzipan vermischt, und mit Zugabe von Orangenblütenessenz, Milch, Rosenwasser und Mandeln werden Kuchen mit dem Namen "Gazellenhörner" hergestellt. Als Getränk hält man sich vorwiegend an den grünen Tee mit Pfefferminzblättern.

Die Brotlaibe – die noch in traditionellen Öfen, wie dieser hier in Larache, Marokko, gebacken werden – werden zu Türmen aufgeschichtet und auf der Straße verkauft. Backwaren sind ein wichtiger Teil der islamischen Küche, da sie während des Ramadan das einzige Nahrungsmittel sind, das man am Tage zu sich nehmen darf.

“An diesem schönen, friedlichen und nicht zu heißen Tage saß der Meisterdieb auf seinem Diwan und genoss seine Lieblingsspeise, den Ekmek-Kadaïf. Es ist kein Wunder, wenn die Liebhaber dieser unübertrefflich guten Speise an Leibesumfang zunehmen, denn was an Honig, Sesamöl, Pistazien und fadenfein gezogenem jasminweißen Teig darin vermischt ist, könnte einen dunklen Ifrit (Geist) bewegen, der Geist einer duftenden Hyazinthe zu werden. Ali roch sogleich den unverkennbaren Hauch dieser wunderbaren Speise, von deren Vorhandensein er zwar wusste, die er aber noch niemals gekostet hatte.”

aus: "An den Nachtfeuern der Karawan-Serail" von Elsa Sophia von Kamphoevener

Das Kunstgewerbe

Holz ist das am häufigsten verwendete Material in der orientalischen Dekoration. Vorzug genießt hier das Zedernholz, das handwerklich bearbeitet und mit Intarsien in den verschiedensten Farben versehen wird. In Essaouira am marokkanischen Atlantik bilden diese Arbeiten die größte Einnahmequelle.

Ein weiteres vielfach verwendetes Material ist die Keramik, die kunstgewerblich in verschiedenen Formen und Größen hergestellt wird und gleich wie die Pigmente und Gewebe die unterschiedlichsten Farbtöne zeigt. Das Formen von Ton ist allgemein verbreitet, da die entstandenen Gegenstände zum tagtäglichen Gebrauch als auch zur Dekoration dienen.

Ein Künstler aus Chouen (Marokko) stellt Tajine her, das sind Tongefäße mit konischem Deckel; ein häusliches Utensil, das täglich für das Kochen von Speisen verwendet wird.

Zu den von maghrebinischen Künstlern bevorzugten Materialien gehören Blei, Silber und Kupfer. Teekannen und sonstige Gefäße des Teezeremoniells, Kästchen und Behälter von Essenzen sind einige der Produkte, die üblicherweise zu Hause und auch auf den Basaren zu finden sind.

Junge Männer bemalen in der Nähe von Fes Keramikteller. Diese kunstgewerbliche Tätigkeit nimmt ihren Beginn in eindrucksvollen Öfen, die mit Olivenkernen in Gang gehalten werden. Auf einige Teller werden Fragmente aus dem Koran geschrieben. Die Farben der Keramik deuten auf die Herkunftsstadt hin.

GEOGRAFIE

Landschaften aus Stein und Sand

In Marokko und auch in Tunesien gelangt man in die Wüste, wenn man das ganze Land von Norden bis Süden durchquert. Die Berge des Atlasgebirges sind die erhabenen Hüter der Wüste, eine natürliche Barriere, die Land und Lebensweise von einander trennt. Nach wenigen Kilometern wechselt man von der tiefgrünen Landschaft in trockene Wüstenhaftigkeit, von Palmenwäldern in Steingegenden ohne Flüsse, in Sandberge mit Konturen, die sich Tag für Tag nach der Laune des Windes ändern und in denen nur die Oasen unverrückbare Orte vor der eigentlichen Wüste bilden. Die Araber haben für die Beschreibung dieser Gegenden ein Sprichwort: "Die Palmen leben mit dem Kopf im Feuer und mit den Füßen im Wasser."

Nach Überqueren des Atlasgebirges sieht sich der Mensch einer erbarmungslosen Natur gegenüber, einer Erde, die früher oder später ihre Revanche fordert. Aus diesem Grund wird den menschlichen Beziehungen hier größte Wichtigkeit beigemessen. Wasser und Datteln, Ziegen und Kamele sind die einzigen Elemente und Hilfen, auf die der Mensch zählen kann. Und wiederum ist es die auf Erfahrung bauende Geschichte, die uns eine meisterhafte Lektion über organische Architektur und rationale Innenraumaufteilung in der Bauweise des Ksar erteilt. Das arabische Wort Ksar bedeutet Festung. In den Festungen gruppieren sich die Familien, um sich gegenseitig zu helfen und zu schützen, und hier, wie in den "Jaimas" der Wüste, ist die Gastfreundschaft ein Gebot.

Die Dünen in Chiggaga in Marruecos' Süden.

In der Wüste – wo Sand für die persönliche Hygiene der einzige Ersatz für Wasser ist – sind die "Jaimas" und die Zufluchtsstätten der Berber aus Palmenstämmen und Stroh die einzigen verfügbaren Wohnungen. Die Wüstenlandschaft beeindruckt durch ihre Trostlosigkeit und gleichzeitige Erhabenheit, die nur von den Karawanen der Tuareg und den Gruppen anderer berberischer Völker gestört wird. Die Tuareg, bekannt als blaue Menschen, weil die Sonne ihre Haut durch die Berührung mit dem blauen Baumwollstoff tönt, mit dem sie sich gegen die Hitze schützen, waren ursprünglich ein Kriegervolk. Bei den sesshaften Stämmen brechen die mit der Wassersuche beauftragten Männer bei Sonnenaufgang auf, im besten Fall mit ihren Schafen und Kamelen, die Frauen bleiben im Lager und bereiten per Hand in riesigen Eutern aus gegerbtem Leder die Butter zu.

Genauso eindrucksvoll wie die Landschaft sind die Temperaturwechsel. Die brennende Sonne während des Tages bildet einen starken Kontrast zu der Kälte in der Nacht. Diesem extremen Umstand verdanken wir die unvergesslichen Sonnenuntergänge.

Des Öfteren müssen die Kamelkarawanen Unwetter ertragen, so wie hier in Merzuga einen Sandsturm.

Der einzige Quell zum Überleben der Nomadendörfer von Chiggaga sind die Ziegenherden. Die Notwendigkeit, stetig neue Weidegebiete zu suchen, bedingt das kontinuierliche Umziehen der Familien und ihrer Jaimas.

Beeindruckende Einschnitte durchbrechen eine wüstenhafte Landschaft wie die des Maghreb, so die Schluchten der Chotts oder die Salzseen von Tunesien.

Alougoum ist ein kleines Oasendorf zwischen Quarzazate und den Wüsten des Südens.

Die Oasen wie hier im Süden von Touzeur, sind der Wüste vorgelagert. Jenseits ihres Schutzes gibt es nur noch ein Ziel: das Überleben.

"Als sie die Wüste vor sich sah, schwarz wie ein Brunnen ohne Grund, fühlte sie sich einen Augenblick so allein wie nie zuvor und ging zitternd auf die erste Düne zu. Aber genau in dem Augenblick, als sie umkehren wollte, trat der Mond aus den Wolken, der Sand färbte sich zart, hell, fast weiß, und Nur-al-Kutubi kam es vor, als wäre sie eingehüllt in Frieden und Ruhe. Sie wendet den Kopf und schaut um sich, so weit sie kann, weit über die Dünen, über die Nacht und den Himmel hinaus. Sie sucht nach einem festen Punkt, sie sucht etwas, was die unabänderliche Ordnung der Dinge wieder herstellt und ihr in Erinnerung ruft, dass das Leben vom Tod getrennt ist und dass sie nie wissen wird, was die beiden verbindet."

aus: "Annahmen über die Wüste" von Dominique Sigaud

Das Meer, Quell des Lebens

In den Küstengebieten der Länder des Nahen und Mittleren Orients spielt das Meer eine sehr wichtige Rolle, es ist der Quell des Lebens. Es ist ein vertrauenswürdigerer Überlebensträger als das Land, weniger abhängig von den Launen der Natur, und seine Frucht, der Fischfang, ist eine unerschöpfliche Ressource. Der Indische Ozean wirkt wegen der dunklen Farbe seines Wassers erschreckend; der Atlantik verzaubert durch das launische Auf und Ab seiner Gezeiten und das Mittelmeer durch die Schönheit seines Lichtes.

In Asilah, einem kleinen marokkanischen Dorf an der Atlantikküste, ist der Fischfang, wie auch an der restlichen Westküste Marokkos, die Lebensgrundlage für seine Bewohner.

AROUSSIA . T.G.7837

Das Mittelmeer bietet Ansichten ungewöhnlicher Kontraste, so wie hier in Tunis.

Die Gezeiten des Atlantiks überfluten am Nachmittag die Erde, die den Küstenspazierweg von Casablanca mit der alten Kasbah, dem Mausoleum, verbindet. Dies ist ein Ort, an dem Paare spazierengehen und Familien sich treffen.

Städte: Metropolen des Chaos

Das auffallendste Paradoxon im Orient ist der Kontrast zwischen dem Heute und dem Gestern, das zweifellos dem westlichen Einfluss zuzuschreiben ist. Man erinnere sich an die Jahre des Kolonialismus und an das Bestreben der kolonisierten Völker, ihre Traditionen und Gebräuche weiterzugeben. Dies ist heute das grundlegende Prinzip des Lebensstils in diesen Gegenden, die Evolution mit der Achtung der Tradition zu verbinden. Ein großer Teil dieser Tradition lebt in der überwiegenden Mehrheit der Bevölkerung weiter, selbst in der Seele jener, die sich ohne Komplexe dem Trend der Gegenwart, der Ausdrucksfreiheit und dem Wettlauf um die individuellen Freiheiten angeschlossen haben. Der Fortschritt schreitet langsam vorwärts, ohne große Schritte zu machen und ohne die Eile des besiegten Kolonisators. Seine Spuren haben jedoch die Architektur der großen Städte geprägt, ihre Planung und die Sprache. Jugendstil und ebenso Art Déco-Ästhetik sind an den Fassaden und den Innenräumen der islamischen Länder und der Türkei wahrzunehmen, in Indien reinster viktorianischer Stil. In beiden Fällen existieren diese Stile harmonisch neben der traditionellen Ästhetik der ureigenen Lebensform.

Die maghrebinische Architektur wurde nach der Herrschaft der Araber in den Dienst der Macht gestellt. Die Städte sind umgeben von Mauern aus Beton oder Lehmsteinen, ein wirkungsvolles Symbol der Sicherheit gegen Angriffe, mit Zugangstoren zum Stadtkern aus Stein, die Triumphbögen gleichen.

Die Anfänge der Architektur der marokkanischen Städte gehen in die dreißiger Jahre zurück, als der General des französischen Protektorats, Louis Hubert Lyautey, die Modernisierung des Landes unter Anwendung neuer Normen der Städteplanung in Angriff nahm. Er ließ den französischen Architekten Henri Prost kommen, um die neue Politik der Städteplanung in die Tat umzusetzen, wobei beide die Restaurierung maghrebinischer Kulturgüter verteidigten. Jenseits der Mauern, die die Tradition umschlossen, wurde ein neuer einzigartiger architektonischer Stil geboren, in dem sich spanisch-maurische Elemente mit dem Jugendstil, dem Art-Déco und einem Schuss Hollywood mischen.

Neu Delhi ist ein prägnantes Beispiel für das Zusammenfließen verschiedener Kulturen. Die Stadt teilt sich architektonisch in zwei Blöcke, in die mongolische Ästhetik der Altstadt und in die von Lutyens erschaffene Gartenstadt. Hupen und quietschende Bremsen mischen sich in den orientalischen Städten von morgens bis abends mit den Stimmen der Fahrer und dem Schreien der Fußgänger. Fußgänger in Neu Delhi oder in Istanbul zu sein, ist ein Abenteuer, und ein Fahrzeug zu fahren, eine Geduldsprobe. Die Straßen von Neu Delhi zu überqueren bedeutet, sich durchzukämpfen durch einen Teppich aus Rischkas und Motorrädern mit drei oder vier Fahrgästen, aus von Tieren gezogenen zweirädrigen Karren, Kühen mit Fußgängerrechten, herausgeputzten Elefanten, auf der Stirn eine Werbung für Handys, aus Bettlern, Krüppeln und Leprakranken, aus verwahrlosten Lastwagen ohne Licht und ohne Bremsen und Rolls Royce, die den Stil eines vergangenen Lebens verkörpern. Der Schriftsteller Rudyard Kipling schrieb: "Gott schuf die Maharadschas, um der Welt ein Schauspiel zu bieten." Die früheren Prinzen und Edelleute sind heute Städter, die die Reste ihres vergangenen Lebensstils in halbzerfallenen Palästen zeigen und ihre Vergangenheit durch organisierte Reisen aufleben lassen.

Die Tempel von Jaipur erheben sich inmitten einer nicht Einhalt zu gebietenden Vegetation mit dem Stolz einer ruhmvollen Vergangenheit.

In den Straßen der Stadt werden täglich Werkstätten an wechselnden Standorten improvisiert. Die Fassaden sind stumme Zeugen eines noch nicht lange vergangenen Kolonialismus.

Die von Kühen gezogenen Karren sind ein billiges Transportmittel in Neu Delhi.
Neu Delhi ist in Wirklichkeit ein riesiges freies Feld, auf dem hier und da die Illusion eines logischen Verlaufes von Straßen und Plätzen auftaucht. Eine Illusion, die an jeder zweiten Ecke endet und neu beginnt.

Istanbul ist in zwei Teile gespalten, in den asiatischen und in den europäischen Teil, und über drei Brücken miteinander verbunden. Die Stadt entstand mit den ersten christlichen Basiliken und später Moscheen und wuchs mit den Bedürfnissen der Bevölkerung. Zuerst existierten Essensausgaben für die Bedürftigen, danach gab es Schulen und nach und nach die Häuser der Städter, sodass die Moscheen zu verbindenden Elementen der Bevölkerung gemäß der islamischen Lebensform wurden. Ein Architekt namens Sinán der Große war der eigentliche Erbauer der Monumente der Stadt: Er starb, nachdem er 131 Moscheen und 200 Gebäude errichtet hatte. Es gibt ein zeitgenössisches und ein modernes Istanbul, das eher einer kalifornischen als einer europäischen Stadt gleicht, ein ästhetischer

Umstand, der wieder einmal die Dichotomie des türkischen Volkes zwischen den östlichen und den westlichen Lebensformen zeigt. Nach einigen Tagen in der Stadt ist man nicht mehr überrascht, Türken mit dem Koran oder der Bibel in der einen Hand und dem Handy in der anderen zu sehen, oder junge Mädchen in eng anliegenden Lycrahosen, die mit Freundinnen in Djelaba Tee trinken. In Istanbul leben konfliktlos Türken, Armenier, Europäer, Araber, Kurden, und auch ihre Religionen existieren miteinander. Jeder hat seine Tempel, es gibt keine Zwistigkeiten, da jeder den Glauben des anderen achtet. Das geht so weit, dass die mohammedanischen Gemeinschaften den Ungläubigen Eintritt in ihre Moscheen gewähren.

In der Altstadt von Fes gibt es sehr enge Straßen. Treffen hier zwei Personen auf einen Esel, so müssen sie den Weg freigeben. Es gibt sogar Straßen, in denen nur eine Person gehen kann. Im Zentrum der Stadt finden wir kuriose Taxi-Haltestellen: dort sind Esel sowohl für Personen als auch für Waren das einzige Transportmittel.

Tanger ist mit seinem lebendigen, intellektuellen Hintergrund eine ganz besondere marokkanische Stadt. Der Weltruhm, den der Schriftsteller Paul Bowles mit seinem Roman "Himmel über der Wüste" erlangte, wird von den intellektuellen und kulturellen Kreisen der Stadt nicht verstanden. Der Rhythmus in Tanger ähnelt dem europäischen, und die junge Bevölkerung – hartnäckige Internet-Konsumenten – ist weit davon entfernt zu denken, dass Eile tötet. Stetige Kunstausstellungen zeigen das moderne Gesicht des Landes. In Tunis herrschen ähnliche Zustände und in Hamamet haben Gebäude und Lebensstil wenig mit dem Orient zu tun, sie scheinen absichtlich für den westlichen Tourismus geschaffen worden zu sein.

ARCHITEKTUR UND GESTALTUNG

Architektur aus Wasser und Sand

Im Maghreb liegt der Ursprung der Architektur in der Form eines "Jaima", was auf arabisch Zelt bedeutet. Die Gemeinschaften bilden sich auf der Grundlage zusammengruppierter Jaimas. Kleine, nur kurze Zeit bestehende Nomadendörfer in der Landschaft sind Ausdruck einer in den Sand gezeichneten Architektur.

Der Ksar, in der Berbersprache Igerm, wird aus natürlichen Elementen gebaut. Wasser und Sand sind mit unglaublicher Geschicklichkeit verarbeitet, wodurch diese Bauten zu wirklichen Sandburgen werden, die mit der Landschaft verschmelzen, indem sie die rötliche Tönung der Erde annehmen. Anfänglich entsteht eine Konstruktion mit viereckiger Grundfläche, einem Wachturm an jeder Ecke und einer einzigen Eingangstür. Die Außenmauern haben praktisch keine Öffnungen, um Angreifern keinen Halt zu bieten und ihre Fundamente versinken bis zu einem halben Meter tief im Sand. Im Inneren sind die Räume um einen zentralen Raum aus Erde ohne Dach angeordnet, der für ausreichende Lüftung sorgt und das von den Mauern abgewehrte Licht eintreten lässt. Aus diesem System entwickelte sich später das Riad, das traditionelle marokkanische Haus. In den umlaufenden Gängen befinden sich die Räume der Familien, die in der Festung leben, die für gemeinsame Nutzung vorgesehenen Räume sowie der Ofen zum Brotbacken und die Räume für Durchreisende, die problemlos aufgenommen werden, woher auch immer sie kommen mögen. Analog zu den von den Mittelmeervölkern übernommenen Grundstrukturen der ländlichen Bauweise wächst ein Ksar in dem Maße in Höhe und Breite, in dem neue Familien hinzukommen. Wiederum erweist sich die Architektur als ein hervorragendes Hilfsmittel, um den Menschen vor einer unversöhnlichen Natur zu schützen, die früher oder später mit übergroßer Hitze oder extremen Regenfällen Rache nehmen wird.

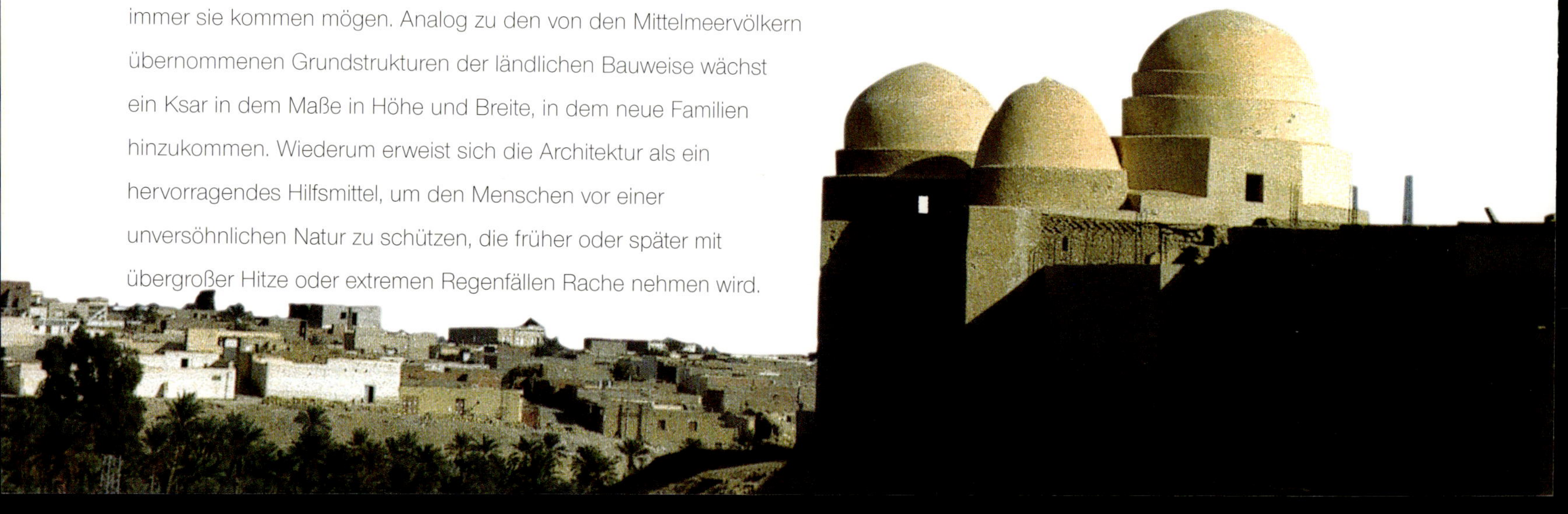

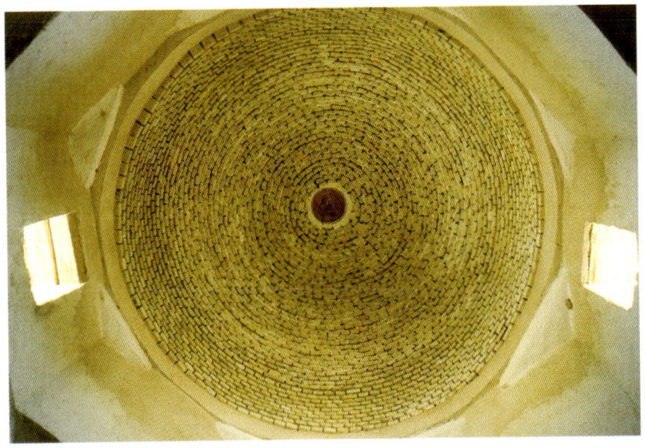

Kuppeln sind ein Merkmal der arabischen Architektur. Viele davon sind innen mit Ornamenten versehen, während sie außen einen nüchternen Stil bewahren.

Das Atlasgebirge ist die natürliche Grenze zum Beginn der Wüste; im Vordergrund erscheinen ausgedehnte Steinlandschaften und dahinter die Dünen. Die Gegend um Taliouine wird beherrscht von der eindrucksvollen Landschaft des oberen Atlasgebirges.

Die Kasbah von Ait Benhaddou in der Nähe von Quarzazate zeigt das ewige chamäleonhafte Aussehen einer Mischung aus Erde und Wasser, das Ineinanderübergehen des Werkes des Menschen und der unbezähmbaren Natur.

Kasbah von Taourirt in Quarzazate. Die Kasbahs beginnen mit dem Ksar, der Grundkonstruktion für das Unterbringen einer Familie. Die Ankunft neuer Menschen bewirkt seine Erweiterung, bis die Kasbah entsteht; ein Vorgang, der die menschlichste Variante der Architektur der ländlichen Bevölkerung erklärt.

überdachte Sträßchen in Duled Driss (links), einem kleinen Dorf in der Nähe von Mhamid im Süden Mar

Eine kleine Berberin läuft durch eine Straße in Foum Zguid in Südmarokko.

Ein Blick über die Mauer: Riads, Gärten und Wasser

Hinter jeder der schäbigen Mauern oder schadhaften Türen kann sich wundervoller Luxus und Verzauberung verstecken. Die sozialen Unterschiede im Orient sind so extrem, dass die Reichsten sich hinter die Mauern zurückziehen, um den Anblick von Armut und Schmutz nicht ertragen zu müssen und sich zugleich vor fremden Blicken zu schützen.

Der Ursprung des Riad, des traditionellen marokkanischen Hauses, dessen Zimmer rund um einen Garten oder Innenhof angelegt sind, geht nicht nur auf das Bedürfnis, die eigene Frau vor der restlichen Bevölkerung zu verbergen, zurück, sondern auch auf den Wunsch, sich soweit wie möglich von der äußeren Unordnung zu entfernen. Nichts lässt erahnen, dass sich mitten im Chaos und hinter einer geschlossenen Betonmauer die schönsten Gärten und prunkvollsten Häuser verbergen. Die Gänge, die vom Eingang abgehen und bis in den Mittelhof führen, sind eine perfekte Isolierung gegen Straßenlärm, sodass in den Gärten die herrlichen Pflanzen und Blumen in absoluter Stille gedeihen. Das Schweigen wird nur vom Wasser unterbrochen, einem Symbol des Lebens und der Spiritualität, das in keinem Riad fehlt.

Die Rolle der Frau muss auf Grund ihrer Bedeutung in der Entwicklung dieser Länder und weil sie einen der größten Widersprüche darstellt, besonders hervorgehoben werden. Sie ist der Motor, die Produktion, die Ordnung und der Einklang, der feste Pfeiler, der kämpfende Teil, auf den sich die Gesellschaft stützt und – warum sollte man dies verneinen – gelegentlich die selbstlose Person, deren Schicksal der Mann, der Kamerad, schreibt. Es ist eine Tatsache, dass die Häuser für die Frauen entworfen wurden, die dort den größten Teil ihrer Zeit verbringen. Ab sieben Uhr abends trifft man kaum noch Frauen in den kleinen marokkanischen Städten, die von Männergruppen bevölkert werden. Diese scheinbare Diskriminierung verwandelt sich im Inneren des Hauses jedoch in eine absolute Achtung der Räumlichkeiten der Frau. Das geht so weit, dass die komfortableren Bereiche ihr gehören. Die Anordnung ihrer Zimmer im Riad ist so geplant, dass sie Zutritt zu Bad und Küche hat, ohne von den restlichen Bewohnern des Hauses gesehen zu werden. So zeigen sie sich nur, wenn sie perfekt zurechtgemacht sind und gesehen werden wollen. Goldene Käfige für diejenigen, die keine Bar betreten, die in der Öffentlichkeit nicht rauchen oder die Arme nicht unbedeckt lassen dürfen. In Städten wie Tanger, Casablanca, Rabat und Tunis ist die Abgrenzung der Frau anscheinend nicht so streng; sie nehmen dort die gleichen Arbeitsstellen ein, die sie auch in Europa innehaben.

Die scheinbar fragilen Frauen sind zähe Arbeiterinnen auf dem Feld. Jeden Tag laden sie sich nach der Arbeit die Ballen auf und tragen sie zu Fuß auf den Bauernhof. Wir begegnen ihnen häufig beim Überqueren von Autobahnen und Landstraßen.

Oben: Frauen bei der Arbeit auf einem Rosenfeld im Süden Marokkos.

Städtebau und Fassaden

Istanbul, die eklektischste Stadt dieses Buches, verdankt ihr jugendstilhaftes Aussehen dem italienischen Architekten Raimundo d'Aroco, Gründer der italienischen Liberty, der es meisterhaft verstand, die Elemente der ottomanischen Architektur, wie z.B. die Kuppeln, mit der Ästhetik des Art Nouveau zu mischen. Bei einem Bummel durch die Stadt gelangt man daher immer wieder auf den Pariser Boulevard von Saint-Michel. In anderen Momenten könnte man glauben, man befinde sich in einer Straße in Venedig oder in der Nähe von Piccadilly in London.

Der Ursprung der Städte des Maghreb liegt im Mittelalter, als die Städte hinter eindrucksvollen Schutzmauern gebaut wurden. Man gelangt zu ihnen durch verschiedene Tore, hinter denen der Verlauf der kleinen Gassen beginnt.

In den modernen Städten Casablanca und Rabat in Marokko ist eine klare Annäherung an den Westen zu spüren. Im Zentrum von Casablanca erheben sich zwei Zwillingstürme von über hundert Metern, die Twin Center, die von dem Spanier Ricardo Bofill entworfen wurden. Rabat, historisch mit seiner Nachbarstadt Salé durch die Seeräuber verbunden, ist die Stadt der breiten Avenuen und der Gärten.

Orientalische Türen ohne Ornamente sind selten zu finden. Einige davon, darunter viele in Tunesien, sind an ihrem Kopfstück mit Nägeln versehen, die Halbmonde oder parallel verlaufende Linien bilden. Andere sind Meisterwerke eingelegter Holzarbeiten.

Auch die Fenster erregen Aufmerksamkeit, sei es in Form eines mozarabischen Bogens mit Trennungen aus verarbeitetem Holz, geschützt mit Mörtel oder kleinen Teilen von Lehmziegeln, die ein originelles Gitter bilden.

Auf der folgenden Seite zeigen die Straßen von Chouén (Marokko), dass die Fußböden genauso wie die Mauern häufig mit Kalk bemalt werden, der mit Farbstoffen gemischt wurde.

Die Insel der Prinzen, zwei Stunden mit dem Schiff von Istanbul entfernt, war der Ort, an dem die reichen Familien auf Sommerfrische gingen. Heute gedenkt man auf den autofreien Inseln der Vergangenheit: ihr dekadenter Stil verzaubert immer noch.

In Istanbul bieten die Fassaden der Gebäude eine große Palette an Formen und Farben, wobei diejenigen des jüdischen Viertels (oben) mit denjenigen der Insel der Prinzen (unten) kontrastieren.

In dieser türkischen Stadt vermischten sich die Stile soweit, dass sich ein eklektischer Städtebau entwickelte. Oben die Decke eines alten jüdischen Bades.

Islamische Architektur

Die Moschee ist der wichtigste Bau der religiösen islamischen Architektur und im Unterschied zu den westlichen Kirchen wird sie nicht als Haus Gottes gebaut, sondern als ein Haus der Gläubigen, in dem zu Gott gebetet wird.

Die marokkanische und die tunesische Moschee sind Konstruktionen mit quadratischer Grundfläche und sehr hohen Mauern, die in einer großen Kuppel enden; ihr Aussehen ist eher bescheiden und karg. Im ersten Saal findet man meistens den Brunnen für die Waschungen; von dort aus gehen vier Galerien ab, die zu weiteren Sälen führen, unter ihnen der Haram, der große, nach Mekka ausgerichtete Gebetssaal, zu dem nur Mohammedaner Zutritt haben. Sie besitzen einen oder zwei Türme, Minarette genannt, auf die der Muezzin hinaufsteigt, um die Gläubigen zum Gebet zu rufen.

In der Türkei dagegen sind die Fassaden nicht so schmucklos; man sieht stilisierte Minarette und herrlich verzierte Kuppeln sowie auf den Innenbalkonen Stuck und andere dekorative Elemente. In diesem Land dürfen die Nicht-Mohammedaner den Innenraum der Moscheen besuchen, allerdings unter Einhaltung bestimmter Normen: man darf nur ohne Schuhe eintreten und die Frauen müssen ihren Kopf mit einem Tuch bedecken.

Kuppel einer Moschee in Tunis

Kuppelkaskade einer Moschee in Istanbul

Die Details handgefertigter Stuckarbeiten wie hier in Salé (oben) sind in Marokko ein häufig verwendetes Dekorationsmittel.
Sie sind auch in Wohnungen, wie in diesem Lager eines Antiquitätenhändlers zu finden, das an der Brücke gelegen ist, die Salé und Rabat miteinander verbindet.

Die architektonische Einfachheit ist sowohl in den großen Städten wie Tunis (links) als auch an kleinen Orten wie Sidi Boun Said (oben) zu bewundern.

„Das ist eine vollgestopfte und vollgepackte Stadt, eingeschlossen in eine massive Steinmauer, die mehr als tausend Jahre alt ist. Fast alle Häuser sind ein- und zweistöckig, aus dicken Steinmauern errichtet, von außen verputzt, rechtwinklig wie ein Schuhkarton, oben flach wie eine Tenne; sie haben keine Vorsprünge und sind über und über getüncht – eine Stadt gedrangt voll schneeweißer Grabmäler! Und die Türen sind mit dem eigentümlichen Bogen gewölbt, den wir auf maurischen Bildern sehen; die Fußböden sind mit bunten rhombischen Fliesen ausgelegt, mit vielfarbigen Mosaiksteinchen aus Porzellan, die in den Öfen von Fez gebrannt werden, mit roten Kacheln und breiten Ziegeln, die sich auch nach langer Zeit nicht abnutzen.“

aus: "Die Arglosen im Ausland" von Mark Twain

Indische Architektur

Obwohl der Buddhismus heute im Land seiner Entstehung als erloschen gelten kann, lebt er in großartigen Kunstwerken fort. Diese von tiefer Religiosität geprägten Bauwerke sind die ältesten Zeugnisse indischer Architektur. Wie später im Hinduismus steht der Tempel im Mittelpunkt. Er ist ein Spiegelbild des Kosmos, stellt mit der Stupa das 'Weltei', die 'Weltachse', den 'Wohnsitz der Götter' und die 'Himmel' dar, oder ist wie beim hinduistischen Tempel nach strengen, auf den magischen Diagrammen des Mandala beruhenden Vorschriften gebaut.

Die Affen besiedeln die verlassenen Tempel und Paläste von Jaipur: Aufdringlich haschen sie nach allem, was blinkt und glitzert, sei es die verspiegelte Sonnenbrille oder das Objektiv der Kamera.

Der Elefant, das heilige Tier, ist Teil der indischen Kunst. Seine Größe wird oft versinnbildlicht.

9

Inneneinrichtungen

Die großen orientalischen Herrenhäuser sind zurückzuverfolgen bis in die Kultur des alten Griechenland, dessen Architektur auf Wohnungsbauten basierte. Ein gemeinsames Merkmal ist in den Betonfußböden mit eingelegtem Marmor und in den stuckgeschmückten Wänden begründet; man findet dort Szenen dargestellt, die durch das alte Ägypten und die griechische Mythologie inspiriert wurden.

Später führten die Römer die von den byzantinischen Völkern ererbte Mosaiktechnik ein und verwandelten sie in ein grundlegendes ornamentales Element. Die islamische Keramik drückt sich in drei Farben aus: Grün verkörpert den Überfluss, Weiß die Weisheit und Blau ist das Sinnbild des Absoluten. Diese drei Farben sind ständiger Teil der islamischen Architektur. Obwohl der Koran kein spezifisches Verbot enthält, findet man in der islamischen Kunst niemals Abbildungen von Menschen oder Tieren.

Riad in Ksar el Kebir (rechts), Marokko

Der Eingang zum Riad ist normalerweise schmal. Am Ende einiger Gänge ohne natürliches Licht gelangt man zu dem eindrucksvollen zentralen Hof oder Garten. In seiner Nähe sind die Wohnräume mit beeindruckenden Kristalllüstern an der Decke und authentischen Kunstwerken (Ksar el Kebir, Marokko) zu finden. Im Allgemeinen schließt ein Wohnraum an den anderen an, und alle sind ihrerseits mit dem zentralen Hof verbunden.

Wohnräume

In den Riads liegen die Wohnzimmer im Erdgeschoss und sind um den zentralen Hof herum angeordnet. Die Sofas stehen nach mediterranem Stil an der Wand; auf dem Untergestell aus Holz ruhen Sitzkissen und Rückenpolster. Die Bezüge sind aus reichen Geweben in vielen Farben und erinnern ein wenig an die Ästhetik des Barock. Unentbehrlich ist der Beistelltisch in der Mitte des Raumes, normalerweise aus Holz, der mit einem Tuch bedeckt ist. In vielen Fällen wird der Wohnraum auch als Esszimmer benutzt. In den sehr traditionellen Riads kennt man das typische Esszimmer der westlichen Kultur nicht.

Ein großer Kreis der Innendekorateure Marokkos und Tunesiens tendiert zu europäischen Einrichtungsvorstellungen und viele Dekorationsprojekte könnte man genauso gut an den erlesensten Orten in Paris oder London finden. Die traditionellen Identitätssymbole sind jedoch überall spürbar. Die strategisch angebrachte Beleuchtung mit ihrer Unzahl von Lampen aus Eisen und Kristall ist fast immer geschmackvoll und nicht übertrieben, sodass Stimmungen außergewöhnlicher Intimität geschaffen werden.

Man kann sagen, dass es in Istanbul keinen traditionellen Dekorationsstil gibt; dort trifft man genauso auf den französischen Einfluss des Art Déco, als auch auf den englischen Klassizismus und die Stilübertreibungen aus Hollywood. In den maghrebinischen Ländern ist der Wohnraum der Ort, um Gäste zu empfangen, und dieses Zeremoniell ist dort ebenfalls zu einer Kunst geworden.

Die hier gezeigten Wohnräume aus Neu Delhi sind reich ausgestattet: Überall leuchten Goldtöne.
Ein eklektischer Mix aus viktorianischem Holz, modernem Polster und indischem Dekor.

Wohnzimmer eines Hauses in Tanger

Lebendige Farben der Wandteppiche und ein herrlicher venezianischer Spiegel sind die Herzstücke dieser Wohnung im modernen Zentrum von Tanger.

In Indien repräsentieren die Innenräume der Häuser der höheren Kasten die Bedeutung der Bewohner mit einem 'modernen' Mix aus indischem Kunsthandwerk und europäischen Möbeln.

Schlafzimmer

Die Schlafzimmer werden mit Liebe und Sorgfalt behandelt, so wie es den Räumlichkeiten der Entspannung zukommt. Baldachine sind eine häufige Erscheinung sowie anregende und luftige Stoffe, hinter denen die Silhouetten zu erahnen sind.

Die Betten werden häufig an die Wand gestellt, wodurch der Eindruck von Behagen und Sicherheit vermittelt wird.

Bettdecken, Überdecken und Zierkissen sind aus reichen Geweben und vor allem in Marokko ist das "Bett-Machen" ein erstaunliches Ritual der Reinlichkeit.

»Die Nacht legt sich wie eine Decke über die Stadt. Dächer, Häuser und Gassen schlafen im matten Sternenlicht. Sie liegen in unruhigem Schlummer, atmen schwer in der erdrückenden Hitze, die zeitweilig wie stechender Schmerz durch den Körper fährt. In den Innenhöfen, auf den Dachterrassen, in den Gassen, auf den Straßen schlafen die Bewohner halbnackt, erschöpft von mühseliger Tagesarbeit. Nur wenige schlendern noch plaudernd Hand in Hand in den verlassenen Straßen. Einige tragen Jasminkränze in den Händen, deren Duft die Luft im nahen Umkreis schwängert, und nach wenigen Metern in der Hitze erstickt.«

aus: "Twilight in Delhi" von Ahmed Ali

Im gesamten Orient ist es unumgänglich, dem Bett einen besonderen Platz einzuräumen. Das Schlafzimmer teilt sich die Hauptrolle mit dem Wohnzimmer und wird als ein nobler Bereich betrachtet. Nichts wird dem Zufall überlassen.

Ibn Baki

„Ich reicht ihr, als Nacht ihre Säume schon zog,
Den Becher mit moschusduftendem Wein.
Ich drückte sie an mich, wie Krieger ein Schwert,
Mein Wehrgehenk schien ihre Locke zu sein.
Doch als die Ermattende Schlummer umfing,
Löst ich ihren Arm, der mich zärtlich schloss ein,
Und schob sie hinweg von der pochenden Brust –
Auf pochendem Kissen, wie schliefe sie ein?"

aus: "Lyrik des Ostens"

Küchen und Bäder

Die Küche ist normalerweise der Frau vorbehalten. Dieser Raum bildet zusammen mit dem Wohnraum den Bereich für den Empfang von Gästen. Die typische arabische Küche verfügt über Mauern und Holztüren mit Gittern oder Vorhängen, die den Blick auf die Töpfe verdecken. In den orientalischen Küchen sind die Utensilien zum Kochen und zur Vorbereitung der Nahrungsmittel für gewöhnlich offen zu sehen; man hält dies für erforderlich in einem Haus, in dem täglich mit wirklicher Hingabe gekocht wird. Nur an wenigen Orten des Orients hat die schnelle Küche Erfolg. Die Familien setzen sich zum Essen hin und nehmen sich Zeit.

Die Privatbäder sind normalerweise im westlichen Stil gebaut; wenn sie dekoriert sind, nehmen sie den Rang wirklicher Hygiene- und Intimsäle ein. Der Hamam oder das türkische Bad zeigen, wie in der Türkei und im Maghreb die Hygiene verstanden wird. Sein Ursprung und seine Konzeption gehen auf die römischen Thermen zurück: Sie machen das Bad zu einem unerwarteten Vergnügen. Diese Bäder gibt es für Männer und für Frauen; sie bestehen aus einer Reihe von Räumen, die nach und nach gemäß einer bestimmten Ordnung durchlaufen werden, da Wärme und Wassertemperatur in jedem Raum zunehmen und der Körper sich so allmählich an die Veränderung anpassen kann. Je weiter dieser Vorgang fortschreitet, desto mehr öffnen sich die Poren der Haut und die Giftstoffe werden ohne Schwierigkeiten ausgeschieden. Danach kann man eine entspannende Körpermassage genießen.

Während die Fassaden und Innenwände häufig gekachelt sind, kann man dies seltsamerweise nicht von den Küchen und Bädern sagen. In diesen Räumen werden die Wände vorwiegend mit Kalk und Farbstoff geschützt.

Sämtliche Küchenutensilien stehen in Griffnähe, da sie ständig benutzt werden.

Teppiche

In den islamischen Ländern erhält der Bodenteppich einen religiösen Wert, der auf die Ursprünge seiner Geschichte zurückgeht. Die ersten bekannten Teppiche kommen von den Nomadenstämmen Anatoliens und werden Kelims genannt; sie dienten dazu, den Boden im Innenraum der Zelte zu bedecken und sie so vor Kälte zu schützen. Später stickten die Nomaden Zeichnungen auf die Gewebe und schufen so eine Symbolkunde, die nach und nach zu einem wichtigen Teil der Beschreibung ihrer Geschichte wurde. Wenn man auf andere Stämme traf, wurden die Symbole ausgetauscht, bis eine wirkliche, auf Stoff geschriebene Sprache entstand, deren Meister normalerweise die Frauen waren, die in den Lagern blieben, während die Männer die Tiere hüteten. Ein häufig erscheinendes Symbol ist ein Viereck, das ein Dreieck einschließt, eine Anrufung der Mutter-Göttin, aber es sind auch Silhouetten von Schafen und Kamelen zu finden, von Tieren, die von den Schäfern gehütet wurden.

Wenn man bedenkt, dass im Koran auf die Unreinheit des Bodens hingewiesen wird, dann wurde – zu der Zeit, als sich die meisten Nomadenstämme zum Islam bekehrten – der Kelim zu einem Gegenstand religiösen Kultes, auf den man sich kniet um zu beten. Das Symbol erscheint in diesem Fall in Form eines Minaretts, eines Turmes, auf den täglich der Muezzin steigt, um die Gläubigen zum Gebet zu rufen. Der authentische Kelim ist immer aus gewobener Wolle, dem einzigen Material der Nomaden, und sein Alter verrät sich durch die Unvollkommenheit seiner Färbung.

Der Teppich zeigt andererseits eine Fläche aus Seide, Wolle oder Baumwolle, auf der die Zeichnung mit Knoten realisiert wird; sein Wert steigt mit der Anzahl der Knoten pro Quadratdezimeter.

In den alten Medinas sind alle Häuser mit einem Balkon versehen. Dort werden Teppiche geklopft und Wäsche aufgehängt, außerdem nutzen Nachbarn den Balkon als Treffpunkt zum Gespräch.

Werkstätten in Neu Delhi (links) und Fassade des Großen Basars in Istanbul (oben).

Farben und Strukturen

Der Sinn für Farben nimmt im Orient sowohl auf den Straßen als auch bei der Innendekoration eine Hauptrolle ein. Am häufigsten werden natürliche Farbstoffe verwendet: Das Spektrum der Farbtöne ist unermesslich. Die Auswahl scheint vermitteln zu wollen, dass es keine hässlichen Farben gibt, sondern nur schlecht ausgewogene Kombinationen. Weiße Wände wirken in dieser farbenfrohen Welt fremd und ungewöhnlich. In den Straßen der Altstädte, vor allem im Norden des Maghreb, sind blau gestrichene Straßen und gelbe, rosafarbene, graue oder malvenfarbene Fassaden zu sehen. In den Innenräumen werden mit Kalk und Wasser vermischte Farben aufgetragen, was eine ganz besondere Struktur infolge der unregelmäßigen Wasserverteilung ergibt, die mit Chemikalien niemals erreicht werden kann. Die Farbtöne sind meistens lebhaft und ursprünglich und verleihen der Umgebung ein expressionistisches und warmes Aussehen. Das Stuckrelief, reines Kunstgewerbe, ist ebenfalls ein Teil der marokkanischen Ästhetik und geht auf die andalusische Kultur zurück.

Gewebe und Teppiche spielen in der orientalischen Dekoration eine wichtige Rolle. Es herrscht ein Überfluss an Seide, Wolle und Baumwolle in natürlichster und zugleich prachtvollster Ausführung und – hauptsächlich in Indien, wo Stoffe eine wichtige gesellschaftliche Funktion innehaben – an reich verzierten Brokaten und von Gold- und Silberfäden durchzogenen Geweben.

«Wie lange Echos, die sich in der Ferne vermischen, so antworten auch Düfte, Farben und Töne.»
Baudelaire

Nachweis der verwendeten Zitate

Wir danken den aufgeführten Verlagen für die freundliche Abdruckgenehmigung.

S. 11 Johann Wolfgang von Goethe, *West-östlicher Diwan* – Aus dem Nachlass, S. 121 © Beck Verlag, München, 1998

S. 38 Ahmed Ali, *Twilight in Dehli* © New Directions Publishing Corporation, 1994

S. 48 Ahmed Ali, *Twilight in Dehli* © New Directions Publishing Corporation, 1994

S. 55 Elias Canetti, *Die Stimmen von Marrakesch*, S. 16/17 © Carl Hanser Verlag, München

S. 70 Carl J. Burckhardt, *Reminiszenzen – Kleinasiatische Reise*, S. 29 © Callwey Verlag, München

S. 82 Elsa Sophia von Kamphoevener, *An Nachtfeuern der Karawanserail* (Ali als Meisterdieb), Bd. 1, S. 66 © Rowohlt Verlag, Reinbeck b. Hamburg, 1975

S. 103 Dominique Sigaud, *Annahmen über die Wüste*, S. 48/49 © Berlin Verlag, Berlin, 1997

S. 153 Mark Twain, *Die Arglosen i. Ausland*, aus dem Amerikanischen von Ana Maria Brock © Aufbau-Verlag, Berlin 1961

S. 176 Ahmed Ali, *Twilight in Dehli* © New Directions Publishing Corporation, 1994

S. 179 Ibn Baki, *Lyrik des Ostens*, hg. v. W. Gundert, A. Schimmel und W. Schubring, S. 68 © Carl Hanser Verlag, München, S. 68

S. 188 Baudelaire, Blumen des Bösen, übersetzt von Carlo Schmidt © Insel Verlag, Frankfurt/Main, 1976

Die Autoren sagen folgenden Personen allergrößten Dank, ohne deren tatkräftige Mithilfe dieses Buch nicht möglich gewesen wäre:

Marokko:
Itaf Ben Jeloun, Dekoratorin
Hassan und Yabar, Unternehmer
Oumama, Hispanist
Mario Trinidad, Spanische Botschaft

Tunesien:
Miguel Albarracin, Agentur EFE
Hella Annabi, Architektin
Samir Toumi, Entwicklungshilfe-Berater

Freunde:
Cecilia und Guco
Emna und Dali
Sonia und Marwfelt

Indien:
Javier Boada, Unternehmer
Mr. Vuran Sign

Türkei:
Bashak, Architektin
Gülnaz, Studentin